大人の神戸散歩

洋画家　森茂子とゆく

GAUFRES

描く

山と海

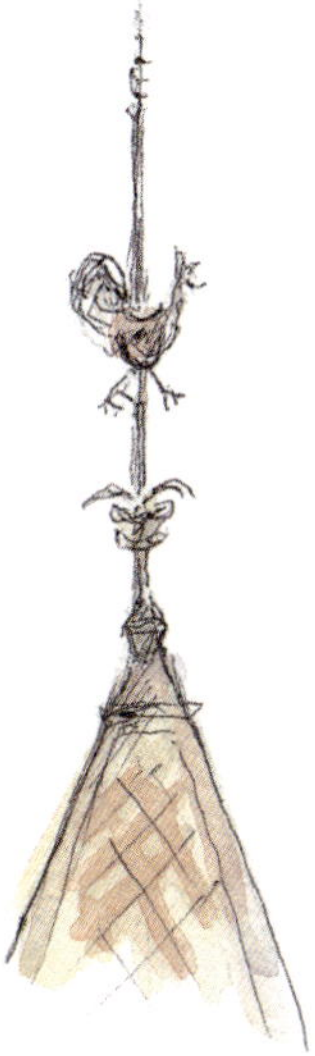

はじめに

六甲の山々を背に、海へと開けた街、神戸。

明治以降、この海を通して、世界のさまざまな国の人々が訪れ、暮らし、その文化が入ってきました。洋館、洋装、西洋料理や中華料理、スィーツにパン…。

街には、こうした文化が染み込んでゆき、「ハイカラ」「エキゾチック」とうたわれるようになりました。

そんな「ハイカラ神戸」が色濃く残る時代を知る、洋画家の森茂子さん。

阪神間で生まれ育ち、80代半ばの今も、街や人を温かいまなざしで見つめ、色彩あふれる作品を描いていらっしゃいます。

彩られた想い出を伺いながら、森さんとともに、神戸の街を散策してみました。

「装う」「味わう」「山と海」、そしてご自身の画家としての道「描く」。

想い出の中にだけ在る場、姿は変わっても今も在る処、新たな想いを抱かせてくれる情景…。

神戸という街の豊かな表情が、鮮やかに浮かび上がってきます。

装う

色を上手に着こなす神戸っ子

優雅な弧を描く回廊に、並木の緑や、ガス灯風の街灯が趣を添える大丸神戸店。西側には、昔、モボ・モガが闊歩した神戸元町商店街が広がっています。

待ち合わせは、山と港を結ぶトアロード側の玄関口で。そこにたたずんでいると、一瞬、ヨーロッパの街角に迷いこんだかのようです。

「お買いものと言えば、幼い頃から、この界隈でした。外国人の船員さんもよく見かけられ、子ども心に他の街とはちょっと違うな、なんだか外国の街みたいだな、と思っていました」

当時の最先端だった色とりどりの洋服やバッグ、靴が飾られたきらびやかなショーウインドー。じっと見とれる洋装の子どもたち。着物を着てパラソルを差す女性、粋な帽子をかぶった紳士たちが、談笑しながら行きかっていた…。

この界隈には、そんな往時の香りがそこはかとなく残っています。

7　ミナト神戸（大丸前）

大丸の回廊にあるオープンカフェに座って通りを眺めていると、ピンク、イエロー、ブルー、グリーン…。明るい色合いをさらりと着こなした人たちが歩いていきます。昔も、今も、神戸っ子にとって、心浮き立つ、ハレの場なのです。

「昔から、神戸の人は、ごく自然に、ファッションに色ものを取り入れていました。神戸は空が明るく、柔らかな光がふりそそぐし、空気に透明感があって…。土も白っぽくて、色がとても映えるからでしょうね」

大丸の周辺には、創業110年の老舗婦人服店「ブティックセリザワ」や、オーダーシャツ専門店「神戸シャツ」、3代にわ

緑蔭（菊地宝飾本店） 8

たる「菊地宝飾」をはじめ、明るい色があふれる趣味の良い店が多く、そのショーウインドーを眺めて歩くだけでも、ときめきます。

仲良くショッピングを楽しむ母娘連れの姿がよく見かけられます。

「私も母とよく出かけたものです。母には、『おしゃれは、人がする前にするものよ、人が着たらやめたほうがいいわよね』とよく言われました。私自身はプレーンが一番だと思っているの。明るい色を黒や紺と合わせて楽しんでいるのよ。ネイルも若い頃から好きで、ピンク系の色を装いのアクセントにしています」

明るい色合いを差し色にした上品でシックな装い。神戸っ子らしい洗練されたファッション・スタイルです。

郷愁を誘うビルヂング

大丸神戸店から南の海側へと向かうと、旧居留地が広がります。開港とともに、外国人の住まいや商館としての洋館が幾棟も建てられ、大正、昭和にかけては、しだいに高層ビルヂングも増え、西洋文化を伝える店が並んでいました。

「天井が高く、広いお店が多かったの。うす暗いなか、天井では大きな扇風機がゆったりと回っていて…。そんな店内を探検でもするかのように歩き回ったものでした。よく行っていたのは、父が背広をあつらえていた、元町商店街の『菱萬(HISHIMAN)』や『柴田音吉洋服店』、母が洋服をオーダーしていた『レア商会』や『レーン・クロフォード』…」

ほかにも、加納町交差点からトアロードあたりには、「鴻信洋装店」「炳昌洋装店」といった華僑の人たちが営む洋服店も多かった、と、懐かしい店の名がいくつもあがります。

「どのお店でも、長く巻かれたさまざまな柄の舶来生地がテーブルいっぱいに並べられ、母と中国人の店員さんとの悠長なやりとりが延々と続いて…」

まるで、モノクロの外国映画のワンシーンのようです。残念ながら、そのほとんどの店はなくなってしまいましたが、「柴田音吉洋服店」は、日本を代表する老舗テーラーとして、スタイリッシュな技を今に伝えています。

こうした「天井の高い」ビルヂングは、大丸から旧居留地、元町商店街界隈へと歩くと、商船三井ビルディング、神港ビルヂング、神戸郵船ビルなど、今も多く出逢えます。

「私たち世代にとって、このあたりは、とても懐かしいのよね。他の街に住んでいる友達は、ここを歩くと、ああ神戸に帰って来た…と、ほっとするようです」

クラシックでモダンな雰囲気をまとったビルヂングには、今、カフェやレストラン、スイーツショップやブティックが入っています。
薄暗い階段を上って行くと、流れる時の面影を垣間見るかのよう。そして、また、何かしら新しい発見もできるのです。

昔も今も〝大人の街〟、元町

創業100年を超える老舗がいくつも残る神戸元町商店街。東から1番街、続いて3丁目から6丁目まで西へと伸びています。

大丸前の1番街入口に立つと、大きなステンドグラス「ラ・ルーチェ（光）」が迎えてくれます。雨の日の夜には、柔らかく路面を彩ります。

ここから、アーケードのもと、レンガ舗装の道を散策していきましょう。

道の両側には、愛らしいすずらん灯。

「子ども心に、すずらん灯って、なんてエレガントなんだろうって思ったものです。戦前は、とくに、通りそのものの持つ雰囲気が他とは違っていました」

まだアーケードがない時代。建物も低く、広々とした空の下、可憐なすずらん灯が連なる様子は、さぞ、ロマンを感じさせたことでしょう。

「今も、絵心を刺激してくれる」すずらん灯は、戦後、復活したもの。アール・ヌーヴォー風やシャープなものなど、それぞれの商店街ごとにデザインを変えたものが建てられ、柔らかな光が、行きかう人々の目を和ませてくれます。
すずらん灯に誘われるように1番街を歩いて行くと、瀟洒な店構えの輸入ネクタイ専門店「元町バザー」があります。60年余りにわたって、粋な紳士の装いを演出してきました。

4丁目の老舗「柴田音吉洋服店」をはじめ、今は閉店してしまいましたが、音楽家たちが舞台衣装を注文しに東京からわざわざ訪れていた舶来生地のオーダー洋装店「ラモード」や、「センスの良い小物も置いていた」という「サノヘ」など、元町商店街には、神戸のファッションを形づくって来た店が多く、ハイカラ文化の中心でもあったのです。
そんな格式を持ちつつも、通りの所々に置かれているベンチでは、お茶を飲んだり、アイスクリームを食べながらひと休みしている人の姿も見かけられ、どこか、のんびりと寛げて、親しみやすいのも魅力です。

7月には「元町夜市」、10月には「神戸元町ミュージックウィーク」など季節ごとに催しも多く、モノや食との出逢いだけでなく、人との出逢い、ふれあいが生まれています。

15　すずらん燈（神戸元町商店街）

そして、1番街から西へとそぞろ歩き、4丁目あたりでふと南を見ると、驚くほどの近さで、港にそびえる鮮やかな赤いポートタワーが目に飛び込んできます。海をぐっと身近に感じられ、この街が港町だったのだと、あらためて思えるのです。

商店街には、こうした何本もの南北の通りが交差し、その間を路地が縫っています。南側の栄町、乙仲通など、そんな通りや路地には、こだわりのある小さな雑貨店やブティック、ギャラリー、カフェやレストランが点在しています。

「若い人たちがなさっているお店にも、外へと開いている〝窓〟があるように感じられるわね」

個性をきらめかせながら、誰でも温かく迎えてくれる開放的なたたずまい。そんな神戸らしいお店を探検してみるのも楽しいものです。

「なくなってしまったお店もあるし、昔の方がもっと大人が歩いていたように思うけれど、それでも、元町は、やはり〝大人の街〟。スケッチをしていると、そう思うのよ」

商店街からちょっと小路を入ってみたり、また戻ってみたり。ゆっくりと〝元ブラ〟していると、時間がたつのも忘れてしまいます。

今も残る母の文房具

「母は、文房具が大好きで、居留地にあった『東昌洋行』というお店でよくオーダーしていました。これは昭和15、16年頃のもの。イニシャルのデザインをいろいろ変えて、楽しんでいました」

イニシャルの入ったシーリングスタンプも残っています。このスタンプで封をされた便りは、相手の方にエキゾチックな香りも届けたことでしょう。

そんなエレガントな文房具を眺めていると、神戸から、大切なあの人へと便りをしたためたくなります。

ほんの少し色あせたイニシャル入りの封筒と便せん。

上質な紙に慎ましく入れられたイニシャル。店名や1円20銭と書かれた値段シールのデザインまでもが小粋です。

洗練されたデザインとぬくもりのあるベビー子ども服

元町商店街1番街。愛らしいくまの看板、パステルカラーがあふれるベビー子ども服の店「ファミリア」の前で、ふと足をとめました。

「ここを始められた方たちとお友達だったので、最初の頃、ほんの少しお手伝いしたことがあるんですよ。ブラウスの襟やスモッグ、テーブルセンターに刺しゅうをしたり、一針一針縫いあげていくのが楽しかったものです」

戦後、まだ暮らしにゆとりのなかった時代、女学校の同窓生ら4人が、赤ちゃんや子どもたちにとって安心して大切に使えるものを…と、品質にこだわり、ていねいに手づくりした洋服や小物の販売を始めたのが出発点です。その評判は口コミであっという間に広がっていきました。

「上質な生地や糸を使い、デザインはシンプルだけどかわいい。それまでの子ども服の概念とは違うものでしたから、あんなに人気を集めたのでしょうね」

淡いブルー、ピンク、イエローなどのファミリア・カラーとも言うべき上品な色合い、端正なデザイン。赤や紺のデニム地に女の子、男の子、くま、ウサギのアップリケや刺しゅうがあしらわれた布のレッスンバッグは、今も、阪神間の女子中高校生たちのあこがれです。

ママのように愛情をたっぷり注いだものづくり。その真心は、60年余りにわたって受け継がれています。

神戸エレガンスを支える老舗帽子専門店

「ベーシックなスタイルの中に、小物で自分らしさを出すようにしているの」

さりげなく個性を表現できる小物たち。その一つとして、神戸では早くから帽子の文化が培われてきました。

トアロードの婦人帽子専門店「マキシン」は、70年余りの歴史を誇る老舗です。店内には、色とりどり、心はずむ帽子たちが並び、花畑のよう。

シャプリエと呼ばれる帽子職人さんたちによる手づくりで、世界中から厳選された素材を用い、心地よくフィットするものにこだわり続けてきました。職人さんの手で施される微妙な調整が、しっとりとした被り心地を生み出し、皇室などでも愛用されています。

「私は帽子があまり似合わないと思っていたんだけれど、ここのものはよくかぶってきました。若い頃は、みんな、ここの帽子箱にあこがれたものです」

なかには、ずいぶん前に買い求めたものがとても気に入っているから…と、リボンだけ換えてもらう往年のファンも。

オーソドックスなデザインのものを大切にしながら、旬のエッセンスを加えたカジュアルなものも創り出されています。

フィット感と多彩なデザイン。〝私に似合う帽子〟がきっと見つかることでしょう。

その一つひとつから新たな物語が紡がれていきます。

21　神戸の帽子店（マキシン）

味わう

華僑の人々が伝える豊潤な味と文化

元町商店街1番街、「ファミリア」を過ぎてまもなくの角を海側へ曲がると、朱色のあづまや、いくつもの色鮮やかな看板、その向こうには堂々たる楼門が目に飛び込んできます。

ここが、南京町。

十字路の真ん中に小さな広場とあづまやがあり、そこに立てば、四方をぐるっと見渡せるほど、こぢんまりとしたなか、広東料理店、四川料理店、中華食材店、雑貨店、そして、レストランや喫茶店、スィーツの店が軒を連ね、小さな屋台がひしめき合っています。食べ歩きしている人、行列をつくる人、広場にある十二支やパンダの石像の写真を撮る人…、一気にアジアの下町のようなざわめきに包まれます。

その熱気は、旧正月の「春節祭」や、旧暦の8月15日（十五夜）の「中秋節」で最高潮に。繰り出される龍舞や獅子舞の表情豊かな舞い。悠久の歴史の流れを感じさ

23　南京町 海榮門

せます。

また歳の瀬、中国提灯が並ぶ「ランターンフェア」は、お隣りの旧居留地で行われる震災への鎮魂の催し「神戸ルミナリエ」とともに、神戸の冬を温かく彩ります。

「戦前もとてもにぎわっていたのよ。当時は南京町にあった『第一樓』に家族でよく食べに来たものです。1階には不思議なもの…、それは、今思えば食材なんでしょうけれど、いろんなものが入った瓶がたくさん並べられていて…。いつも3階の展望台のようになった見晴らしの良い部屋で食事していました。戦後は、トアロードの『東天閣』にもよく行きました」

その「第一樓」は、今や、100年を超える歴史を持つ北京料理店として、旧居留地にビルを構えています。

中国菜館「東天閣」は、明治時代に建てられた異人館をそのままいかした趣のある空間。ちょっとあらたまった食事会で訪れる人も多いようです。

「気軽に通えるお店もあれば、豪華な宴会料理や宮廷料理のお店もある。多くの華僑の人たちが作ってきた豊潤な中華料理。昔からそれを味わえてきたなんて、ちょっとぜいたくな街なのかもしれませんね、あらためてそう思います」

街になじんだ世界各国の味

「家族での食事には、三宮の生田神社近くにあった頃の『ハイウエイ』にもよく行っていました。舌平目のムニエルをよく勧められたわ。子どもには、ちょっと食べにくかったんだけれどね。行く度に、お店の人に『ここのドアの向こうは牧場で、牛がいるよ』なんて言われて信じていたのよ」

文豪、谷崎潤一郎ゆかりの店で、日本郵船の欧州航路のコックを務めたシェフが創り出す洋食レストランでしたが、こうしたほのぼのとする光景もよく見られたそうです。店主とお客さんの距離が近い店が多いのも、神戸らしさの一つ。

「ハイウエイ」は、その後、トアロードに移り、神戸の洋食を代表するレストランとして親しまれましたが、数年前に惜しまれつつ閉店しました。

「洋食は、やっぱり神戸のお店に行くことが多かったですね。南京町の『伊藤グリル』には、姉が子どもを連れて行き、洋食のお作法を教えていました。元町の『ハナワグリル』や『ロッグキャビン』にも行ってたわ」

柔らかな肉と旨みがしみ込んだシチュー、ぷりぷりの海老フライ、濃厚なポタージュ…。大正12年創業の「伊藤グリル」、昭和6年創業の「ハナワグリル」、戦後生まれの「ロッグキャビン」をはじめ、神戸っ子なら誰しも思い入れのある〝洋食屋さん〟を一つ、二つ、持っています。

海から入ってきた洋食文化は、外国航路の料理人たちや、19世紀末、居留地に開業した旧オリエンタルホテルで修業した人たちによって花開き、培われて、今に受け継がれています。

「洋食の中から、だんだんフランス、イタリア、ロシア、ドイツ、スペインといったそれぞれのお国の本格的な味のレストランが根づいて、多彩な国々

の味も、早くからごく身近に感じられるようになりましたね」

洋食文化は、家庭の食卓にも。

「トアロードデリカテッセン」のショーケースの中には、スモークサーモン、ハム、ソーセージ、魚の薫製、ピクルス…。創業以来60余年、当時と変わらぬ世界各国の味が並んでいます。

「こうしたものは他にはなくて、とても珍しかったから、年末は、予約をしていても並ばないと買えないほどでしたね。とくに大みそかは大行列でした。スモークサーモンを初めて食べたとき、フレッシュな味わいに驚いたわ」

アラスカ産をていねいに冷薫したスモークサーモンは、店を代表する味。長年、神戸らしい贈り物として愛用している顧客も少なくありません。

ケースを見ていてたまらなくなってきたら、２階へ上がってみましょう。それらの食材を使ったできたてのサンドイッチを堪能できます。

繊細で華麗な洋菓子

食事の後は、もちろんデザートを。元町商店街から洋菓子店を訪ねてみましょう。

3丁目の海側、レンガ造りの建物にアーチ状のガラス窓、大きな時計も印象的な「神戸凮月堂本店」。神戸で初めての洋菓子店として、この地で開業して110余年。「FUGETSUDO KOBE MOTOMACHI」としてリニューアルされたばかりです。

「子どもの頃から、家には、いつも凮月堂のゴーフルがあったのよ。弟が、食べる時にその大きなゴーフルで顔を隠したりして、よくふざけたものでした。サクッとした生地とほのかに甘いクリームがよく合うのよね」

凮月堂のゴーフルが誕生したのは、昭和の初め。小さいサイズのプティーゴーフルや、クリームの種類も増え、80年以上にわたって親しまれています。

リニューアルされた明るい店内には、その歴史をたどれるゴーフルミュージアム、繊細なケーキや焼き菓子、チョコレートがアート作品のように並んでいます。神戸を描き続ける版画家、川西祐三郎さんの神戸六景の缶入りミニゴーフルのコーナーには、迷

いながらも楽しそうに選んでいる人たちの姿が見られます。

目の前でオリジナルケーキを作ってもらえる1階サロン・ド・テのカウンターでは、フランス人パティシェとの会話を楽しんでいるお客さんも。2階には欧風メニューをいただけるレストランもあり、コースのドリンクとともにプティーゴーフルがつくのもうれしいプレゼントです。

1番街に戻ると、入口近くには、洋菓子店の老舗の一つ「ユーハイム」本店があります。

「子どもの頃、ケーキと言えば、『ユーハイム』でした。バウムクーヘンはもちろん、他のケーキも珍しく、おいしかったわ。クッキーも好きですね」

「ユーハイム」は、神戸での創業90年。ドイツ人の創業者、カール・ユーハイムが、ドイツの伝統的なお菓子、バウムクーヘンを日本で初めて焼き上げて以来、ロングセラーになっています。

店内には、工夫が凝らされた多彩なバウムクーヘンが並びますが、箱入りではなく、グラム単位で好きな分だけ買い求めているお客さんも。ヨーロッパの市場のお菓子屋さんのような、気さくな買い方が、神戸っ子になじんでいます。

2階のティーサロンでも、もちろんメニューの一品に。しっとりとした切りたてを味わえます。

「『ゴンチャロフ』や、今はもう閉店してしまったけれど、『コスモポリタン』のチョコレー

トもよくいただいてました。三宮本店には社長夫人のロシア人女性が自ら店頭にいらっしゃって、奥の喫茶室には、ボルシチもメニューにあったそうね」

「ゴンチャロフ」も創業90年を誇ります。大正時代末、ロシア・ロマノフ王朝の宮廷菓子職人だったマカロフ・ゴンチャロフが、ロシア革命を逃れて神戸へ。北野で店を開き、板チョコではなく、ナッツやクリームをチョコで包んだファンシーチョコレートや、ウイスキーボンボンを作り始めました。精緻で華やかな宮廷職人の技と心意気が受け継がれ、高級チョコレートの老舗としての名を高めています。

「コスモポリタン」の創業も大正末。ロシア人のF．モロゾフ一家が神戸に移住し、菓子店を開き、後に「コスモポリタン」を起こし、独創的なチョコレート類を生み出してきました。残念ながら、80年の歴史に幕を降ろしましたが、神戸の洋菓子文化を支えてきたお店の一つです。

こうした進取の気質に富んだ日本人、本国の味を真摯に伝えた外国人の想いによって紡がれてきた洋菓子文化。その想いは脈々と伝えられ、新しい〝神戸の逸品〟となる洋菓子が次々と生まれています。

時間がゆったり流れる喫茶店

「家族で出かけた時、父は、元町商店街を入ってすぐのあたりにあった『ブラジレイロ』という喫茶店に必ず行って、珈琲をゆっくりと飲んでいました。ここは、ガラス張りで観葉植物がたくさん置いてあってね、らせん階段がとても印象的でした。

戦後は、三宮の生田神社近くにあった『ウイルキンソン』によく行ってたの。お友達のお兄さんがされていてね。ここもガラス張りの明るいお店で、ケーキもおいしかったわ」

実は、日本で初めて珈琲が飲める喫茶店ができたのも、神戸元町商店街でした。明治11年に、3丁目にある茶舗「放香堂」が初めて喫茶店を開業したのです。今は京都の宇治茶の専門店です。

「ブラジレイロ」も「ウイルキンソン」もなくなってしまいましたが、商店街から元町駅へと抜ける小路の一角に、芳しい珈琲の香りを漂わせる「ＥＶＩＡＮ（エビアン）」があります。

この地で60年余り。自家焙煎の豆をサイフォン式でていねいに淹れています。白地に紺で小さなイラストが描かれたオリジナルカップが、しっとり手になじみます。

緑色の味わい深いイスに座り、新聞を広げる初老の男性、文庫本を読みふける若い女性、サンドイッチをほおばるサラリーマン、カウンターではサイフォンの中の珈琲が揺れて…。

しばし、昭和の風情に包まれる、小さな憩いの場です。

三宮、生田神社の横、東門筋を山側へと上がっていくと、北ドイツの木組み風の建物が建っています。赤い大きなコーヒーミルが迎えてくれる、老舗の喫茶店「にしむら珈琲店」の中山手本店です。

厳しい目で選んだ豆を自家焙煎し、灘の酒蔵で使われる宮水でていねいに淹れる。女主人が一人で始めた60余年前と変わらぬ味わい。冷めにくく飲み口のあたりがいいように…と、白い肉厚のオリジナルカップで出されます。

木目調でまとめられた落ち着きのある1階、ヨーロッパの古いホテルのカフェのような趣の2、3階。

サンドイッチなどを注文すると「ひざかけをどうぞ」、一人客の男性には「新聞をお読みになりますか」。細やかな心配りも、創業以来変わらぬものです。

ここからほど近い北野坂を上っていくと、蔦のからまる赤煉瓦の北野坂店に。

「ここは、昔、珍しい会員制だったこともあるのよ。誰かのお家のような、穏やかな佇まいですね」

40年ほど前、日本で初めての会員制喫茶店として開店しました。アンティークが飾られ、邸宅のような優美なインテリアはそのままに、今は、誰でも楽しめます。

「昔から、ほっと寛げる喫茶店がそこかしこにあって、暮らしにとけ込んでいる…そんな街ですね、神戸は」

35　街角のカフェ（にしむら珈琲店中山手本店）

焼き立てのパンの香りに包まれて

三宮駅から山側へと伸びるフラワーロードを少し東に折れると、荘厳な外観を持つ老舗のベーカリー「フロインドリーブ」の本店が現れます。ヴォーリス建築の旧神戸ユニオン教会の建物をいかしたものです。

1階には焼き立てのパンや焼き菓子、2階のカフェには、高い天井、アーチ型の窓。柔らかな光が広がるなか、香ばしく、甘い香りに包まれ、おしゃべりに興じる人たちの笑顔もあふれています。

ドイツ人のハインリッヒ・フロインドリーブが大正時代末に店を開いて以来、レシピも製法も忠実に守られてきました。パンだけでなく、ドイツの伝統的な焼き菓子「ミミ」も変わらない味。カフェに座ると、水とともに「ミミ」など小さなお菓子が供されます。

「食パンは、子どもの頃からなじんだ味なの。子どもだったので、固いパンだなあ、なんて思いながら食べていましたけど。戦後間もない頃は、食パンを配達してもらっていたのよ。大人になると、このパリッとして中はモチモチな味わいがますます好きになりました。

『ドンク』のパンも、なじんだ味ですね」

創業して100年余り。「ドンク」と言えば、あの長いバゲット、本格的なフランスパンが思い浮かびます。

「昭和40年代だったかしら、フランスパンが並び始めたのは。フランスのトリコロール、青、白、赤の色合いで、パリの地図が描かれたパンの袋もおしゃれでしたね」

その袋に入ったバゲットを持つのが、若い女性の間でちょっとしたブームになったほど。

今や、全国に神戸発の味を伝えていますが、時間と手間をかけた作り方にこだわり、守り続けています。

「神戸では、街を歩いていると、どこ

からか、パンを焼きあげる香りが漂ってきますね。

昔、総理だった吉田茂さんが『フロインドリーブ』のパンを、東京までわざわざ取り寄せていたという話は有名でしょう。でも、私たちは、焼き立てを召し上がれないから残念ね、と話していたんですよ。

ドイツパン、フランスパン、イタリアパン…、いつでも、いろんな種類のパンが焼き立てでいただける。幸せな気分になれますね」

描く

港町を象徴する坂道、トアロード

その昔、山の手の北野に住まう異国の人たちが、港近くの居留地とを行き来した道、トアロード。

坂道の先には六甲の山並み。雨上がりの日には、山がひときわ緑濃く迫ってくるかのようです。

深緑に向かって、ゆるやかに続く坂道を上って行くと、ちょうど「トアロードデリカテッセン」の前あたり。

「このあたりで、昔、洋画家の西村功さんが、よく座り込んでスケッチされていたの。『先生につまずきそうです』と声をかけると、『踏まんといてなぁ』とおっしゃった満面の笑みを今でも思い出します。

北野でも、横道へとそれて、のんびりと歩いて行きます。

「描き始めた当時は、まだ生活のにおいも感じられて…。たわわに実ったざくろの実、夾竹桃の香り、少しペンキのはげた張り出し窓のよろい戸…。ひっそりと建つ異人館に、表通りの美しく手入れされたそれよりも強く心を打たれるのです。

今でも、思わぬところに思わぬものがあったりするものですよ」

今も息づくエトランゼの暮らし

いくつかの小径を抜けていくと、急に開けた場所へと出ました。目の前には、鮮やかな赤レンガの「風見鶏の館」。その重厚な姿に圧倒されます。

明治の末、ドイツ人貿易商、トーマス氏の邸宅として建てられたもので、北野ではレンガの外壁を持つ唯一の異人館です。広い玄関ホールや応接間、食堂に、凝った造りの天井、優美なシャンデリア、暖炉、飾り戸棚…。異国の地、神戸に暮らす人々が集い、楽しんでいたさざめきが聞こえてきそうです。

館の前の北野町広場では、大道芸を披露する人に歓声が上がっています。ベンチには音楽を奏でるブロンズ像。仲良く肩をくんで記念撮影する人も。

その横には、淡いグリーンをまとった「萌黄の館」がたたずんでいます。

「風見鶏の館」の隣には、鳥居と急な石段。平清盛による福原遷都の際、建立された「北野天満神社」です。境内には、お参りする外国人の姿も。海側を望むと、「風見鶏の館」の尖塔で回る風見鶏、神戸の街並み、はるか水平線まで見晴らせ、しばし、見とれてしまいます。

45　風見鶏のある街（風見鶏の館）

「この異人館は遠景から描くのがいいですね。同じところを見ても、描きたいと思うところは人によって違うはず。絵描きは、自分だけの場所を見つけるのが楽しみなのです」

神社を後に、さらに坂道を上へ。魚のうろこに似た外壁からその名が付いた異人館「うろこの家」なども往時の姿をとどめています。

南へ下ってくると、教会の前では、結婚式を終えたばかりのカップルと祝福する人たちの輪ができていました。

キリスト教会、回教寺院、ユダヤ教会、ジャイナ教寺院など、多様な祈りの場も見られます。昔から、故国を離れた人々の心の支えとなってきたのです。

三宮へと続く北野坂を歩いている

と、ジャズの音色がかすかに聴こえてきました。この坂道には、ジャズのライブハウスがいくつも点在しているのです。

秋、10月の2日間には、北野一帯、三宮、トアロードが、ジャズに包まれます。ライブハウスや教会、「神戸外国倶楽部」を舞台に、国内外のミュージシャンが競演する「神戸ジャズストリート」。プログラムを片手に会場を巡るファンでにぎわいます。

「北野には、バーも似合うわね。私は飲めないけれど、人物とその場が醸し出す、その雰囲気に惹かれるのよ。

北野やトアロードでも、元町や旧居留地でも、神戸ではそれぞれの場と、そこに居る人、歩いている人がごく自然にとけ込んでいるように感じるの。だから、私は風景だけでなく、そこに似合う人物を描きたくなるのです」

山と海

いつも身近にある六甲の山々

三宮を歩いていても、元町を歩いていても、六甲・摩耶の山並みはいつも目の中にやさしく映り込みます。

山へはバスや車で、ケーブルで、そしてハイキングで…。いろいろに楽しめますが、六甲ケーブルに乗ってみました。住宅街のケーブル下駅から、覆いかぶさるような緑の中を上へ、上へ。ほんの10分ほどで山上駅に。

すぐそばの天覧台へと出ると、清澄な空気のなか、一気に視界が開けて…。神戸の街から大阪、和歌山あたりまで。海の彼方へと想いが広がっていきます。陽が沈むと、街はすくい取りたくなるような煌めきに包まれます。

明治以降、居留地や北野に暮らす欧米の人々によって拓かれ、しだいに関西の避暑地として、レクリエーションの場として発展した山。

昭和の初めに開業し、そんな歴史とともに歩んできた「六甲山ホテル」。英国山荘風

のクラシカルな旧館は、今も森の中にたたずんでいます。

「小学生の夏休み、六甲山ホテルに泊まった時、ドイツ人の子どもたちと知り合って一緒に遊んだりしました。そんな日々を描いた絵日記が、今も残っているんですよ」

ホテルから西の摩耶山にある「六甲山牧場」にもまわってみました。連なる山を背景に急な斜面で草をはむ羊や牛。赤いログハウス。

「まるで小さな〝アルプス〟みたい。

山には、ハナミズキやヤマブキ、アジサイ、紅葉や樹氷。四季折々の風情はあの頃と何も変わらず、心あらわれますね」

華やかなりし〝みなと〟

三宮、元町界隈から南へ少し歩くだけで、そこはもう海、〝みなと〟です。

「絵日記には、海の絵もよく描いていたのよ。『ここは外国とつながっています』と書き残しています。子ども心にも海や港に情緒を感じていたのでしょうね。大人になったら、いつか外国に行きたいなとよく思ったものでした」

豪華客船や貨物船が多く出入りし、東洋一の港湾と称されていた時代。

「小学生の頃、叔父の洋行を家族みんなで見送りに行ったのをよく覚えています。船内にも少しだけ入ったけれど、飾られている大きな砂糖菓子に目を丸くしたものです。ドラが鳴るなか、船からも岸壁からもテープがいっぱい投げられてね…」

そんな神戸の〝みなと〟を象徴したのが、メリケン波止場でした。さまざまな出逢いと別れが繰り広げられた舞台。

ここと中突堤の間を埋め立てて造られたのが、メリケンパークです。

すぐ横には赤い鼓型のポートタワー。目の前に青々と開けた海。小さくなっていく船の白い航跡が描かれていきます。潮の香りが漂い、時おり、船の汽笛が響きます。

メリケンパークから西側を望む岸壁には、観覧車や灯台、出港を待つクルーズ船。そこは、ハーバーランドです。

大型商業施設「ｕｍｉｅ（ウミエ）」があり、若い家族の姿が多く見られます。

西端には、２棟の赤煉瓦倉庫。明治時代後半に建てられ、港のさまざまな荷を扱ってきた歴史が刻まれています。今は、創業１３０年余りの老舗文具店「ナガサワ」をはじめ、レストラン、カフェ、家具店などに。

倉庫から海に添って続く板張りのハーバーウォークでは、ベンチ

に座って語らう人たちも。西には造船所の倉庫やクレーンが見え、港を感じさせます。

宵闇がせまると、赤煉瓦倉庫やハーバーウォーク、ガス燈通りに灯りが連なり、抒情的な風景に。

そして、ハーバーランドからメリケンパークを望むと、六甲の山や街を背景に、赤いポートタワー、白い帆船をイメージした神戸海洋博物館などが浮かび上がり、優美な夜景に心満たされます。

海上から神戸を望んで

メリケンパークから中突堤、ハーバーランドにかけては、「コンチェルト」「ルミナス神戸2」をはじめ、神戸港を巡るさまざまな船が行き来しています。

中突堤には、外国航路の豪華客船が停泊することもあり、歓迎のセレモニーが行われたり、「ようこそ」の気持ちを込めた大きな旗をふるグループも現れたり。往時を思わせるにぎにぎしい雰囲気に包まれます。

少し船旅気分を味わいたくて、クルージング船に乗り、海上から神戸を眺めてみました。

船は街並みをあとに、ポートアイランド、神戸空港を望みながら、西へと進んでいきます。須磨の山並みを過ぎると、淡路島とともに、世界最長の吊り橋「明石海峡大橋」がぐんぐん迫ってきます。

「この巨大さ、迫力…。あらためて驚かされますね。絵描きはこういう新しいものができると、絵になるかしら…と、ついつい、考えてしまうんだけどね」

船は大橋のふもと、八角三層の「孫文記念館（移情閣）」のある舞子公園を過ぎ、ゆったりと戻っていきます。

「船から山並みや街を見ると、ほんの少し感傷的になるものね」

小さな船の旅は、神戸の陰影を含んだ表情をも見せてくれます。

未来へと拓かれた海

クルーズ船からも眺めた島、ポートアイランド。三宮からポートライナーに乗って向かいます。

車窓には、なだらかな六甲の山の稜線、そこに寄り添う細長い神戸の街、そして海。山から海へ、海から山へ。窓枠が切り取っていく神戸の風景画が流れていきます。

「私たちの世代が想う神戸の海は、〝みなと〟のイメージが鮮明だけれど、メリケンパークやポートアイランドのような新しく整えられたところに来ると、開放的で未来に向かっていくような…、そんな神戸の海を感じられますね」

「神戸ポートピア博覧会（ポートピア'81）」が街開きとして行われた海上の街、ポートアイランド。その中心には回廊を巡らせた市民広場があり、休日には、涼やかな陶と水のモニュメントや時を告げるモニュメントの周りで子どもたちが遊んでいます。そばには「神戸ポートピアホテル」や国際会議場、国際交流会館。なごやかに談笑する外国人、日本人の姿が街にごく自然に溶け込んでいます。

「ポートピアホテルには、スケッチの後に寄ったり、友人たちとの集まりでお食事に来たり。明るく心地よい空間ですね」

スケッチに出かけるのは、「やっぱり山並みを望む北公園が多いわね」。

赤い大橋のたもと、目の前には橋をくぐっていく船。明治期に建てられた白い「みなと異人館」が移築され、その歴史を伝えています。

島の西側には、4つの大学が建ち並び、その前にはポーアイしおさい公園が伸びています。南の空港島西側には、砂浜が広がるラグーン（人工の海水池）も。メリケンパーク、ハーバーランド、はるか明石海峡大橋まで見晴らせます。

神戸の〝みなと〟は、未来へと向かって、確かな歩みを続けているのです。

旧きものから生まれゆく新しきもの

「こうして歩いてみると、神戸は、同じ港町でも横浜に比べてこぢんまりとまとまっていますね。ちょうど良い広さで、そここで温かみを感じられて。だから、いくつもの、小さな場の空気感を感じとって、大切にして、それを描きたくなるの。

最近は、どこでも外国のものが手軽に求められるし、開けている街が多いけれど、神戸は、やはり、異国の文化がダイレクトに入ってきたところ。港から流れ込んだ世界のさまざまな文化が、この土地に根ざし、しだいに神戸というはっきりとした顔を持つようになったのでしょう。そんな一種独特な雰囲気が、底にずっと流れているように思うの。

もちろん、時代とともに変わっていくけれど、それは決して嫌というわけではないの。それも、神戸。

新しいものは旧くなり、旧いものはまた新しいものを生み出してゆく。デッサンがしっかりできていれば、表面的なものは自由でいいのではないかしら。そんなふうに想いながら描き続けてきました。これからも変わりゆく街を見つめていきたいですね」

神戸は、ハイカラを原点に、それぞれの時代で新しいものを受け入れ、なじませて、
熟成させていくことでしょう。

さりげなく軽やかに、そして柔軟に。

59　港の休日（メリケンパーク）

主な参考図書

「神戸学」
（崎山昌廣 監修／神戸新聞総合出版センター編）
「ハイカラ神戸幻視行 コスモポリタンと美少女の都へ」
（西秋生著／神戸新聞総合出版センター）
「TOR ROAD STYLE BOOK　神戸トアロード・ハイカラ散歩案内 1868-1999」
（神戸新聞総合出版センター）
「うまいもん探偵の味噺 ― 神戸のグルメ今昔」
（食総合研究所（うまいもん探偵団）編集・取材／瀬川直子執筆／神戸新聞総合出版センター）
「神戸カフェ物語 ―コーヒーをめぐる環境文化」
（神戸山手大学環境文化研究所編著／神戸新聞総合出版センター）
「洋菓子事始め」
（江後迪子著／株式会社神戸凮月堂）
「ＫＯＢＥ 洋菓子物語」
（村上和子著／神戸新聞総合出版センター）
「神戸と居留地」
（神戸外国人居留地研究会編／神戸新聞総合出版センター）
「こうべ元町１００年」
（元町地域 ＰＲ 委員会）
「元町懐古写真集『道』」
（元町１番街商店街振興組合）

編集後記

「神戸の雰囲気にぴったり！」。森茂子さんの作品の第一印象でした。私たちが感じた、その雰囲気、「神戸らしさ」とは何なのでしょうか。

森さんは、作品を描く上で「色彩のハーモニー」と「かたちの単純化」を芯に据えていらっしゃいます。そして、必ずその場所へと出かけてスケッチし、場の空気感を肌で感じとってくることを、とても大切にされています。

そこにある、今、だけでなく、積み重ねられてきた歴史がかもしだすものも、すべてを作品として昇華されているのです。

そんな森さんの作品とともに、戦前や昭和の想い出も伺いながら、あらためて神戸を見つめてみたい。そんな想いを込めて作ったのが、この本です。

神戸は、散歩が似合う街です。どうぞ気軽に訪れて、ふらりと歩いてみてください。大通りから小路まで。街の風情を、この本とともに楽しんでいただければ幸いです。

池本新子
くとうてん

うろこの家
六甲山牧場
風見鶏の館
北野天満神社
萌黄の館
関西ユダヤ教会
神戸外国
倶楽部
ジャイナ教寺院
北野通り
ラインの館
新神戸駅
ベンの家
仏蘭西館
英国館
異人館通り
神戸バプテスト教会
東天閣
北野坂
にしむら珈琲店
ハンター坂
フロインドリーブ
北野工房のまち
カトリック神戸中央教会
トアロード
にしむら珈琲店
中山手本店
中山手通
生田神社
北野坂
マキシン
三宮駅
阪急電鉄
トアロード
デリカテッセン
三ノ宮駅
JR 神戸線
三宮駅
ドンク
三宮本店
三宮センター街
三宮・花時計前駅
菊地宝飾本店
第一樓
神戸市役所
京町筋
フラワーロード
旧居留地
神港
ビルヂング
商船三井
ビルディング
ポートライナー
至ポートアイランド・神戸空港→
神戸っ子は北を山側、
南を海側と呼んでいます
N

大人の神戸散歩マップ

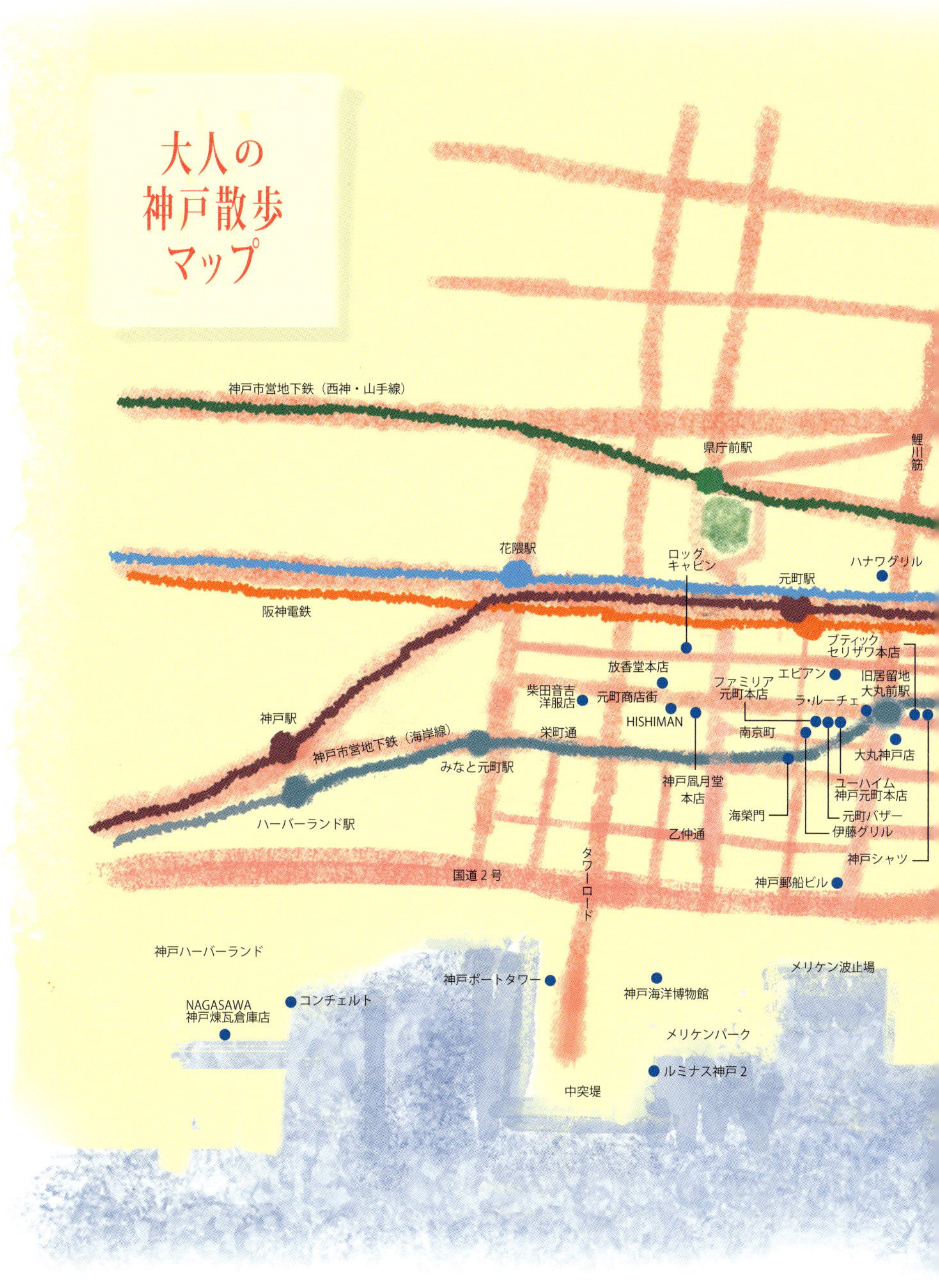

神戸市営地下鉄（西神・山手線）
県庁前駅
鯉川筋
花隈駅
ロッグキャビン
ハナワグリル
元町駅
阪神電鉄
ブティックセリザワ本店
放香堂本店
エビアン
旧居留地大丸前駅
柴田音吉洋服店
元町商店街
ファミリア元町本店
ラ・ルーチェ
HISHIMAN
神戸駅
栄町通
南京町
神戸市営地下鉄（海岸線）
みなと元町駅
大丸神戸店
神戸凮月堂本店
ユーハイム神戸元町本店
海榮門
元町バザー
ハーバーランド駅
乙仲通
伊藤グリル
タワーロード
神戸シャツ
国道２号
神戸郵船ビル
神戸ハーバーランド
メリケン波止場
神戸ポートタワー
神戸海洋博物館
NAGASAWA神戸煉瓦倉庫店
コンチェルト
メリケンパーク
ルミナス神戸２
中突堤

絵：森 茂子

画家　二科会会員
藤井二郎先生に師事。1958年二科展初入選、以降毎年出品。1980年二科会会員推挙、現在に至る。水彩画集「私の巴里」（2003年）、「森茂子油彩画集」（2012年）出版。「おっこちたせいようなし」（福音館書店）の挿画を手がける。

文：池本新子

神戸生まれ。新聞社などを経てフリーのライター、編集者に。暮らし、美術、医療など硬軟幅広いジャンルの仕事に携わっている。時とともに移りゆく人や街の記憶をかたちにする仕事に取り組む。

洋画家 森茂子とゆく
大人の神戸散歩

【企画・編集】株式会社くとうてん
〒650-0022　神戸市中央区元町通 3-5-2 4F 401
TEL 078-335-5965　FAX 078-332-3415　http://kutouten.co.jp/
【企画・協力】 TH企画　平山 哲夫
【発行日】2013年10月31日
【発行者】長谷川一英
【発行所】株式会社シーズ・プランニング
〒153-0044　東京都目黒区大橋 1-1-17　コーワビル601
TEL 03-5428-5680
【発　売】株式会社星雲社
〒112-0012　東京都文京区大塚 3-21-10
TEL 03-3947-1020

ISBN978-4-434-18513-7 C0071